交通运输行业重点科技项目（2020-ZD3-018）资助
山东省交通运输厅科技计划项目（2020BZ02-04）资助

八车道高速公路主动交通管理技术指南

Technical Guide for Active Traffic Management on Eight-Lane Expressway

张 军　王树兴　王少飞　孙凌峰　编著

西南交通大学出版社
2023　成都

图书在版编目（CIP）数据

八车道高速公路主动交通管理技术指南 / 张军等编著. —成都：西南交通大学出版社，2023.4
ISBN 978-7-5643-9276-5

Ⅰ. ①八… Ⅱ. ①张… Ⅲ. ①高速公路 – 交通运输管理 – 中国 – 指南 Ⅳ. ①U491-62

中国国家版本馆 CIP 数据核字（2023）第 078477 号

Bachedao Gaoshu Gonglu Zhudong Jiaotong Guanli Jishu Zhinan
八车道高速公路主动交通管理技术指南

张　军　王树兴　王少飞　孙凌峰　编著

责 任 编 辑	孟秀芝
封 面 设 计	曹天擎
出 版 发 行	西南交通大学出版社 （四川省成都市二环路北一段 111 号 西南交通大学创新大厦 21 楼）
发行部电话	028-87600564　028-87600533
邮 政 编 码	610031
网　　　址	http://www.xnjdcbs.com
印　　　刷	四川煤田地质制图印务有限责任公司
成 品 尺 寸	140 mm × 203 mm
印　　　张	3
字　　　数	56 千
版　　　次	2023 年 4 月第 1 版
印　　　次	2023 年 4 月第 1 次
书　　　号	ISBN 978-7-5643-9276-5
定　　　价	56.00 元

图书如有印装质量问题　本社负责退换
版权所有　盗版必究　举报电话：028-87600562

前　言

随着我国高速公路里程突破 17 万公里,汽车保有量超过 3 亿辆,交通需求持续上升,国内陆续建成以济青、沈大、宁沪高速公路为代表的八车道高速公路,还有数十条八车道高速公路处于规划和施工阶段。相比于四、六车道高速公路,八车道高速公路交通运行更加复杂,强化其交通管理势在必行。

为提高八车道高速公路通行能力、提升八车道高速公路安全水平,在山东省交通运输厅的大力支持下,山东高速股份有限公司以济青高速公路淄博段为依托工程,立项开展了山东省交通运输厅科技计划项目(2020BZ02-04)"八车道高速公路精细化智能管控关键技术研究与应用示范"。根据项目研究成果,课题组编制了本指南,以指导高速公路主动交通管理系统(ATM)建设。

在本指南执行过程中,各单位注意收集资料,总结经验,并将有关意见和建议及时反馈至招商局重庆交通科研设计院有限公司(国家山区公路工程技术研究中心)数字交通与智慧城市研究院(联系人:俞山川,18008379667,E-mail:411740681@qq.com),以供今后修订时参考。

主编单位：山东高速股份有限公司

参编单位：招商局重庆交通科研设计院有限公司

　　　　　山东省公安厅交通管理局五支队

　　　　　长安大学

编写人员名单

主　　编：	张　军	王树兴	王少飞	孙凌峰
副 主 编：	俞山川	康传刚	宋　浪	马晓刚
参编人员：	李　镇	韩金玲	周　欣	王秀振
	张长明	陈　晨	乔英春	罗　建
	杨宝宝	楚嘉文	朱　湧	江维维

目 录

1 总 则 ·· 1

2 术 语 ·· 2

3 基本要求 ··· 4

   3.1 基本规定 ··· 4

   3.2 基本原理 ··· 5

   3.3 基本流程 ··· 6

4 车道信号控制 ··· 9

   4.1 一般规定 ··· 9

   4.2 控制条件及策略 ·· 9

   4.3 技术要求 ·· 13

5 硬路肩动态管控 ·· 15

   5.1 一般规定 ·· 15

   5.2 管控条件及策略 ··· 16

   5.3 技术要求 ·· 17

6 可变限速控制 ·· 21

   6.1 一般规定 ·· 21

   6.2 控制条件及策略 ··· 22

   6.3 技术要求 ·· 24

7 入口匝道控制 ·· 28
    7.1 一般规定 ·· 28
    7.2 控制条件及策略 ·· 28
    7.3 技术要求 ·· 30

8 收费站入口管控 ·· 34
    8.1 一般规定 ·· 34
    8.2 控制条件及策略 ·· 34
    8.3 技术要求 ·· 36

9 交通诱导 ·· 39
    9.1 一般规定 ·· 39
    9.2 诱导策略 ·· 39
    9.3 技术要求 ·· 40

10 交通安全预警 ·· 42
    10.1 一般规定 ·· 42
    10.2 预警策略 ·· 43
    10.3 技术要求 ·· 43

11 恶劣天气管控 ·· 46
    11.1 一般规定 ·· 46
    11.2 管控条件及策略 ····································· 46
    11.3 技术要求 ·· 48

附录 A 济青高速公路（淄博段）主动
　　　　交通管理应用案例 ·······································52
附录 B 入口匝道控制算法 ···71
附录 C 恶劣天气高影响路段优化提升方案 ··············74
本指南用词用语说明 ··78
引用标准目录 ···80
参考文献 ···82

1 总　则

1.0.1 为提高八车道高速公路通行能力、提升八车道高速公路安全水平，制定本指南。

1.0.2 本指南适用于八车道高速公路主动交通管理，其他高速公路可参考使用。

1.0.3 八车道高速公路主动交通管理应坚持创新、协调、绿色、开放、共享的新发展理念，遵循因路制宜、安全可靠、科学合理的基本原则。

1.0.4 八车道高速公路主动交通管理应积极稳妥地采用新理念、新思想、新理论、新技术、新方法和新设备。

1.0.5 八车道高速公路主动交通管理除应符合本指南的规定外，尚应符合国家、行业和山东省现行有关标准及文件的规定。

2 术 语

2.0.1 主动交通管理(active traffic management)

利用新一代信息技术全面监测高速公路各车道交通流运行状况,按照交通管理规则和运营管理需求,形成基于数据驱动的分区段、分车道交通管理及控制方案,并通过交通信号控制设施、可变限速标志、可变信息标志等相应的交通管控设备进行交通流管理、调节和诱导。

2.0.2 硬路肩(hard shoulder)

与行车道相连,具有一定路面强度的带状部分。主要用于:为行车提供侧向余宽,为路面结构提供横向保护,为故障车辆紧急停车提供全部或者部分宽度等。

[来源:JTG B01—2014,2.0.10]

2.0.3 可变限速(limiting speed)

根据雨、雪、雾等天气的能见度、照明条件、路面的湿滑情况、通行效率、车辆运行安全、紧急事件处理和运营管理的需要,对一定的路段或者特定的时间段采用不同的限速值。

2.0.4 匝道控制（ramp control）
通过设置在匝道上的专用信号控制进入高速公路主线的交通流量，主要包括匝道关闭、匝道调节等手段。
［来源：GB/T 34599—2017，3.2，有修改］

2.0.5 入口限流（flow restriction）
通过间断放行、减少收费站入口车道开通数量等方式限制驶入高速公路的交通流量。
［来源：GB/T 31445—2015，2.1］

2.0.6 交通诱导（traffic guiding）
通过可变信息板、交通广播、收费站口头或发卡通知等方式对大雾影响路段及周边道路车辆发布或提供安全行车警示、实时路况、绕行路线等信息。
［来源：GB/T 31445—2015，2.2］

3 基本要求

3.1 基本规定

3.1.1 八车道高速公路主动交通管理策略主要包括车道信号控制、硬路肩动态管控、可变限速控制、入口匝道控制、收费站入口管控、交通诱导、交通安全预警、恶劣天气管控等。济青高速公路（淄博段）主动交通管理应用案例见附录 A。

3.1.2 八车道高速公路主动交通管理应通过沿线可变信息标志、可变限速标志、交通信号灯以及 FM 广播、移动终端、车载终端等多种方式实现。

3.1.3 八车道高速公路主动交通管理应由边缘云平台统一实施，通过统一、规范的数据交互方式，由外场设备、C-V2X 路侧设备、第三方出行服务平台等发布交通管理指令。

3.2 基本原理

3.2.1 八车道高速公路主动交通管理应能满足出行需求、交通需求和路网需求,基本原理如图3.2.1所示。

3.2.2 八车道高速公路主动交通管理应能为道路使用者提供一致的信息服务及视觉体验,增强出行体验感和满意度。

3.2.3 主动交通管理系统,在宏观层面应为道路使用者提供出行模式和出行目的地建议,在中观层面应为道路使用者提供出行路线和出行时间建议,在微观层面应为道路使用者提供车道使用信息。

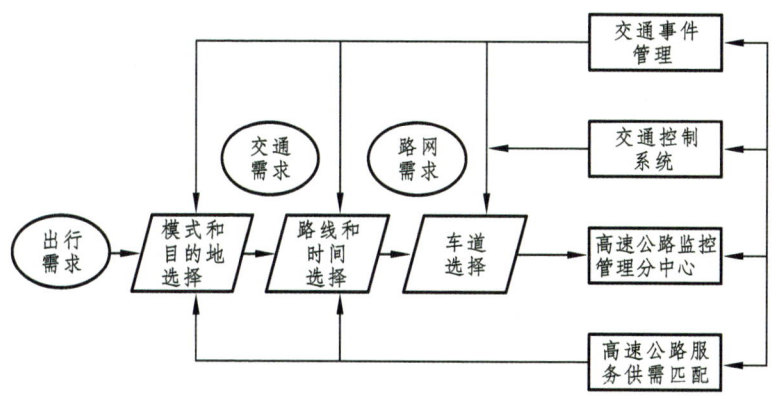

图 3.2.1 高速公路主动交通管理基本原理

3.3 基本流程

3.3.1 基于数据驱动的八车道高速公路主动交通管理流程如图 3.3.1 所示。

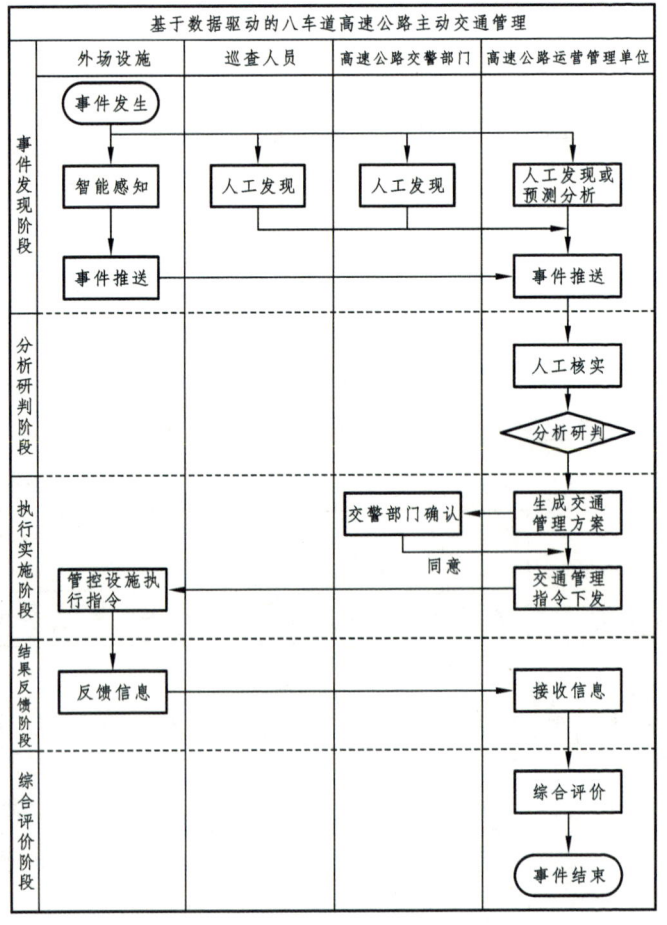

图 3.3.1 基于数据驱动的八车道高速公路主动交通管理流程

3.3.2 高速公路运营管理单位可根据八车道高速公路实际，选择实施一种或多种主动交通管理策略，如表3.3.1所示。

表 3.3.1 典型场景和管理策略

事件类型	事件名称	主线速度控制	主线车道控制	互通匝道控制	硬路肩开放	合流区安全警示	路侧信息诱导/发布	伴随信息诱导/发布
计划事件	涉路施工（主线）	√	√	—	—	√	√	√
	涉路施工（匝道）	√	—	√	—	√	√	√
	设备维修	√	—	—	—	√	—	—
	单向断交	√	√	√	—	√	√	√
	全幅断交	√	√	√	—	√	√	√
天气事件	雾	√	—	—	—	√	√	√
	强降雨	√	—	—	—	√	√	√
	风	√	—	—	—	√	√	√
	冰雪	√	√	—	—	√	√	√
道路事件	大交通流量	√	—	—	—	—	—	—
	主线交通事故引发拥堵	√	√	—	—	√	√	√
	连接线发生拥堵场景	√	—	√	—	√	√	√
	主线排队超长	√	—	√	√	√	√	√
	主线流量饱和引发拥堵	√	—	√	√	√	√	√

7

续表

事件类型	事件名称	主线速度控制	主线车道控制	互通匝道控制	硬路肩开放	合流区安全警示	路侧信息诱导/发布	伴随信息诱导/发布
道路事件	服务区/收费站饱和引发拥堵	√	—	—	—	√	√	√
	上下游速度差过大	√	—	—	—	√	—	—
	分车道速度差异过大	√	—	—	—	√	—	—
	货车占比过高	√	√	—	—	√	—	√
	路面遗撒物（障碍物）	√	√	—	—	√	—	√
车辆事件	交通事故	√	√	—	—	√	√	√
结构设施类事件	路基、路面受损	√	√	—	—	√	√	√

√表示可以采用此策略，—表示不采用此策略。

4 车道信号控制

4.1 一般规定

4.1.1 车道信号控制系统宜部署于八车道高速主线段（含桥梁、隧道）。

4.1.2 车道信号控制宜综合考虑下列因素：
1 高速公路几何线形及沿线构筑物分布情况。
2 高速公路交通流量状况。
3 高速公路历史交通事故情况。

4.2 控制条件及策略

4.2.1 八车道高速公路车道信号灯图形如图 4.2.1 所示。其中：向下绿色箭头，表示本车道开放，允许车辆通行；红色叉形，表示本车道关闭（前方车道发生异常交通事件或正在施工作业),禁止车辆通行;黄色斜箭头,表示前方本车道关闭(下游车道发生异常交通事件或正在施工作业),应及时变换车道。

图 4.2.1 高速公路车道信号灯图形

4.2.2 八车道高速公路常用车道信号控制策略见表4.2.1。车道信号控制策略可单独实施,也可与可变限速控制、硬路肩动态管控、入口匝道控制、交通安全预警等共同实施。

表 4.2.1 八车道高速公路常用车道信号控制策略一览表

交通状况	控制策略				含义	备注
正常交通运行	↓	↓	↓	↓	4 个车道均可通行	
前方车道发生异常交通事件或正在施工作业	↓↓✗✗✗✗↓	↓↓↓↓↓✗✗	↓✗↓↓↓↓✗	✗✗✗✗✗✗✗	前方 1/2 个车道关闭，禁止通行	
下游车道发生异常交通事件或正在施工作业	↓↓↓↓↓↓↓	↓↓↓↓↓↓↓	↙↙↙↙↙↙↙	↙↙↙↙↙↙↙	下游 1/2 个车道关闭，需要及时变换车道	
道路封闭	✗	✗	✗	✗	4 个车道均禁止通行	交通管制

4.2.3 当八车道高速公路主线设置的车道信号灯间距较近时，管控区域上游连续多个断面（至少2处）应显示黄色斜箭头（向左/右变道），当临近管控区域时，应显示红色叉形。八车道高速公路车道信号灯灯色转换示例如图4.2.3所示。

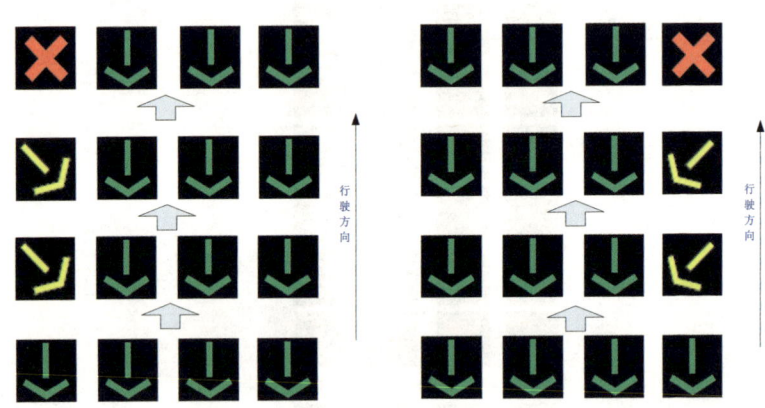

图 4.2.2 八车道高速公路车道信号灯灯色转换示意图

4.2.4 八车道高速公路车道信号控制流程如图 4.2.3 所示。在正常交通运行状况下，车道信号灯也可以关闭，当高速公路发生异常交通事件需要关闭车道时应开启车道信号灯。

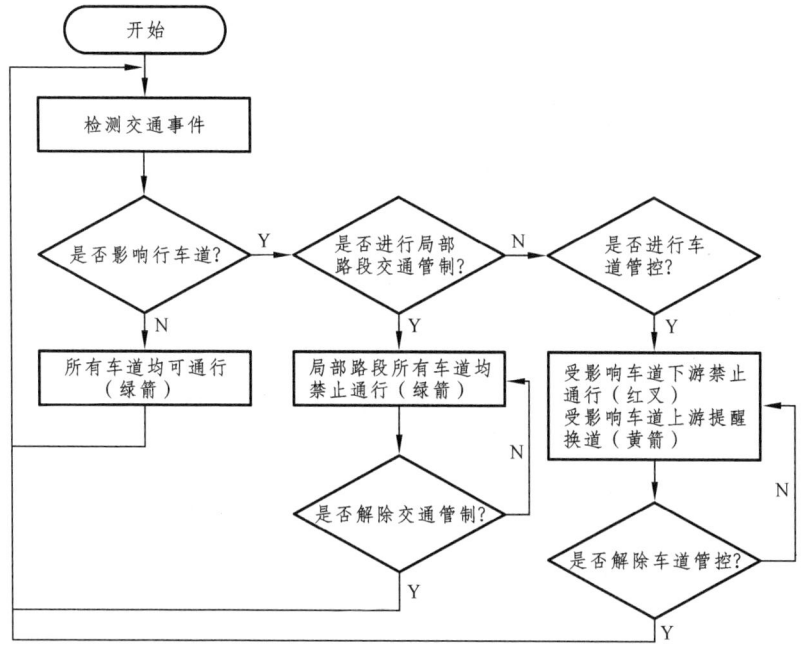

图 4.2.3 高速公路车道信号控制流程

4.3 技术要求

4.3.1 八车道高速公路全线宜连续设置车道信号灯。车道信号灯应设置在各车道中心线的上方，宜采用门架安装方式（可共用主线 ETC 门架）。

4.3.2 设置车道信号灯的路段应在起点前适当位置

设置告示标志以提醒驾驶人注意,如图 4.3.1 所示。

图 4.3.1 高速公路车道信号控制告示标志

4.3.3 车道信号灯在八车道高速公路主线(含桥梁)段布设间距宜为 2~3 km,交通量大的路段布设间距宜为 1~2 km;八车道高速公路隧道内直线段布设间距不应大于 500 m,曲线段间距宜适当减小;严禁车道信号灯与交通标志等设置相互遮挡。

4.3.4 八车道高速公路车道信号灯技术要求如下:应由红色叉形、绿色箭头、黄色左/右向斜箭头三色灯组成;应具有双面显示功能并且不得同时显示绿色箭头灯,动态视认距离应不小于 250 m;LED 车道信号灯屏幕有效边长宜为 1000 mm×1000 mm。

5 硬路肩动态管控

5.1 一般规定

5.1.1 硬路肩动态管控系统宜部署于八车道高速公路枢纽互通出口、服务区入口。

5.1.2 硬路肩动态管控宜让驶离主线的小型车定向通行。

5.1.3 硬路肩动态管控选点宜综合考虑下列因素：
1 枢纽互通各方向交通运行状态、服务区主线上下游交通运行状态。
2 硬路肩的几何线形、通行能力等条件。
3 枢纽互通出口、服务区入口历史交通事故情况。

5.1.4 硬路肩动态管控宜与主线车道信号控制、可变限速控制结合使用。

5.2 管控条件及策略

5.2.1 硬路肩动态管控系统的使用应以高速公路主线硬路肩左侧相邻车道交通运行状态为依据。匝道控制条件见表5.2.1。

表 5.2.1 匝道控制条件

硬路肩左侧相邻车道交通运行状态	门架间区间速度/（km/h）	是否启动硬路肩动态管控
畅通	≥90	不启动
基本畅通	[50，90）	不启动
轻度拥堵	[30，50）	可启动
严重拥堵	[0，30）	应启动

5.2.2 硬路肩动态管控系统的开启和关闭不宜频繁，应结合交通流量预测结果综合判断。

5.2.3 由于占道施工等影响主线通行能力时，宜启用硬路肩动态管控，并与主线车道信号控制协同使用。

5.2.4 当出现以下情形时，应关闭硬路肩：
1 硬路肩内停有故障车辆或其他障碍物。
2 路段发生恶劣天气、事故灾难、公共卫生事件、社会安全事件等特殊情况。

3 下游路段发生交通事故等突发事件。
4 管控路段涉及特勤安保等特殊保障任务。

5.3 技术要求

5.3.1 八车道高速公路硬路肩动态管控系统由感知设施、车道指示标志、可变限速标志、信息发布设施、交通违法监测记录设施等构成。

5.3.2 八车道高速公路硬路肩动态管控系统功能应符合如下要求：

1 感知设施应具有以下功能：

1）具备按车道（包含硬路肩）检测交通流量、平均速度和时间占有率等交通参数的功能；

2）具备异常停车、交通事故等事件检测的功能；

3）交通流数据采集设施应具备检测枢纽互通出口和服务区入口上游分车道交通参数的功能；

4）交通流信息采集设施宜采用毫米波雷达或雷视一体化设备。

2 车道指示标志应具有以下功能：

1）具备本地独立控制、执行中心控制系统指令功能，并能将控制状态反馈至中心控制系统；

2）根据指令准确控制信号显示状态。

3 可变限速标志应具有以下功能：

1）应具备接收并执行本地及中心控制指令的功能，应符合 GB 23826 的规定；

2）可变限速标志应至少显示 5、10、15、20、30、40、50、60、80、90、100、110、120 等内容，并且能控制全亮与全灭。像素在关闭状态时，不应产生微光。

4 信息发布设施应具备接收并执行本地及中心控制指令的功能。

5 交通违法监测记录设施应具备违法抓拍、车牌识别以及联网数据传输等功能，应符合 GB/T 21255、GA/T 959、GA/T 497、GA/T 832 的规定。

5.3.3 八车道高速公路硬路肩动态管控系统设置应符合下列要求：

1 感知设施、车道指示标志、可变限速标志、信息发布设施、交通违法监测记录设施应集成到现有或新建门架上。如条件受限根据实际情况选择其中部分设施。

2 硬路肩开放路段的起始位置应由历史拥堵排队长度数据确定，距离分流鼻端宜不少于 1 km。

3 设施在硬路肩路段上宜连续布设，间隔不宜多于 500 m。车道指示、可变限速、信息发布内容应具备一致性和连续性。

4 感知设施设置应符合下列要求：

1）设置感知设施应符合 GA/T 1047 的规定；

2）在入口匝道的起始端、主线上下游等位置应设置交通流信息采集设施；

3）特殊天气多发路段应视情况设置交通气象监测设备；

4）事故、突发事件易发路段应视情况设置交通事件检测器。

5 车道指示标志设置应符合下列要求：

1）车道指示标志应由红、绿两色灯组成，形成红色叉形和绿色箭头两种显示状态，如条件允许，宜增加黄色斜箭头灯，并增加闪烁功能；

2）车道指示标志宜与可变限速标志尺寸相同。

6 可变限速标志设置应符合下列要求：

1）可变限速标志应符合 GB 5768.5、JTG/T 3381-02 的规定；

2）硬路肩的限速值不应高于左侧相邻车道的限速值；

3）标志限制速度的解除有两种方式，一是设置限制速度解除标志，二是设置不同限速值的限速标志；

4）可变限速标志显示的数字形式及颜色应符合 GB 5768.2 的规定；

5）LED 可变限速标志按外形分为圆形和方形两种，按图形外圈有效直径尺寸分为 1200 mm、1400 mm、1600 mm 三种，按环境温度适用等级分为 A 型、B 型、C 型三种。

7 信息发布设施设置应符合下列要求：

1）信息发布设施用于辅助说明硬路肩开闭状态，宜附着安装在门架的立杆上；

2）信息发布的颜色应与车道指示标志显示颜色保持一致。

8 交通违法监测记录设施设置应符合下列要求：

1）设置交通违法监测记录设施应符合 GA/T 1047 的规定；

2）宜附着安装在匝道信号灯的杆件上。

9 交通标志标线设置应符合下列要求：

1）硬路肩宜设置振动型车行道边缘线、突起路标；

2）若条件允许，硬路肩可铺设彩色防滑路面。

5.3.4 八车道高速公路硬路肩动态管控系统性能应符合下列要求：

1 中心向硬路肩动态管控系统下发的控制指令传输时延不大于 3 s。

2 中心生成控制指令到外场设备开始执行所需时间不大于 5 s。

3 具有自动故障检测的外场设备在检测到故障信息时，自动向中心发出报警的时延不大于 10 s。

4 系统平均无故障时间（MTBF）不小于 3000 h。

6 可变限速控制

6.1 一般规定

6.1.1 可变限速控制分为可变限速、速度协调、分级减速等。

6.1.2 可变限速控制系统部署应满足下列规定：
1 采用可变限速可部署在下列路段：
1）易受雾、雨、雪、风、沙尘、冰雹等特殊天气影响的路段；
2）夜间视距不良的路段；
3）容易发生特殊交通事件的路段。
2 采用速度协调宜部署于八车道高速公路主线一般路段。
3 采用分级减速宜部署于八车道高速公路养护作业区、突发事件发生区域等。

6.1.3 可变限速控制系统选点应满足下列规定：

1 采用可变限速选点宜综合考虑下列因素：

1）部署位置的特殊天气气象条件等级、能见度等；

2）部署位置的几何线形、视线等条件；

3）部署位置历史交通事故情况；

4）部署位置交通运行状态。

2 采用速度协调选点宜综合考虑下列因素：

1）部署位置的交通量、交通组成、大车比例、车辆速度等交通流参数；

2）部署位置的车道数、限速方式等条件；

3）部署位置历史交通事故情况；

4）部署位置交通运行状态。

3 采用分级减速选点宜综合考虑下列因素：

1）部署位置是否进行养护作业；

2）部署位置是否发生突发事件。

6.2 控制条件及策略

6.2.1 可变限速控制系统采用可变限速的使用应符合 GB/T 31445、JTG/T 3381-02 的规定。

6.2.2 可变限速控制系统采用速度协调的使用应以八车道高速公路主线交通运行状态为依据。控制条件见表 6.2.1。

表 6.2.1 控制条件

主线交通运行状态	是否启动控制	控制类型
畅通	可不使用	
基本畅通	可使用	速度协调
轻度拥堵	宜使用	速度协调
严重拥堵	应使用	速度协调

6.2.3 八车道高速公路养护作业时，可变限速控制系统采用分级减速的使用应符合 JTG H30 的规定。

6.2.4 八车道高速公路发生突发事件时，可变限速控制系统宜采用分级减速。

6.2.5 八车道高速公路可变限速控制系统宜采用分车道限速方式、分车道与分车型组合限速方式，限速值应为 10 km/h 的整数倍，相邻两个限速路段的限速值之差不应大于 20 km/h。

6.2.6 可变限速控制系统采用速度协调的控制算法可采用 METANET 模型或其他适用模型。

6.3 技术要求

6.3.1 八车道高速公路可变限速控制系统由感知设施、控制设备、可变限速标志、测速取证设备等构成。

6.3.2 八车道高速公路可变限速控制系统功能应符合如下要求：

1 感知设施应具有以下功能：

1）具备按车道检测交通流量、平均速度和时间占有率等交通参数的功能；

2）具备检测事故、突发事件等交通事件的功能；

3）具备检测特殊天气、能见度等公路环境数据的功能；

4）交通流信息采集设施宜采用毫米波雷达或雷视一体化设备。

2 控制设备应具有以下功能：

1）具备本地独立控制、执行中心控制系统指令功能，并能将控制状态反馈至中心控制系统；

2）根据指令准确控制可变限速标志显示状态；

3）具备交通信息数据汇聚、本地处理、存储及传输功能。

3 可变限速标志应具有以下功能：

1）应具备接收并执行本地及中心控制指令的功能，应符合 GB 23826 的规定。

2）可变限速标志应至少显示 5、10、15、20、30、40、

50、60、80、90、100、110、120 等内容,并且能控制全亮与全灭。像素在关闭状态时,不应产生微光。

4 测速取证设备应具备违法抓拍、车牌识别以及联网数据传输等功能,应符合 GB/T 21255、GA/T 959、GA/T 832 的规定。

6.3.3 八车道高速公路可变限速控制系统设置应符合下列要求:

1 感知设施设置应符合下列要求:

1) 设置感知设施应符合 GA/T 1047 的规定;

2) 交通流信息采集设施设置位置应结合可变限速控制系统选点位置实际情况进行确定;

3) 特殊天气多发路段应视情况设置交通气象监测设备;

4) 事故、突发事件易发路段应视情况设置交通事件检测器。

2 控制设备设置宜附着安装在显示屏的支撑柱或显示屏箱体内。

3 可变限速标志设置应符合下列要求:

1) 可变限速标志应符合 GB 5768.5、JTG/T 3381-02 的规定;

2) 当限速值固定的限速标志与可变限速标志显示信息不一致时,应以可变限速标志显示的限速值为准;

3) 标志限制速度的解除有两种方式,一是设置限制速度解除标志，二是设置不同限速值的限速标志；

4）八车道高速公路可变限速标志应结合限速方式，采用门架式分车道设置；

5）可变限速标志显示的数字形式及颜色应符合GB 5768.2 的规定；

6）LED 可变限速标志按外形分为圆形和方形两种，按图形外圈有效直径尺寸分为 1200 mm、1400 mm、1600 mm 三种，按环境温度适用等级分为 A 型、B 型、C 型三种；

7）可变限速标志功能和性能要求应符合 GB 23826 的规定。

4 测速取证设备设置应符合下列要求：

1）测速取证设备设置应符合 GA/T 1047 的规定；

2）设置位置应在可变限速标志起始点后 500 m 至解除限速标志或下一限速标志之间。

5 交通标志标线设置应符合下列要求：

1）测速路段起点前 200 m 以外应当设置可变限速测速告知标志及可变限速标志；

2）测速告知标志使用白底、黑边框、绿色图形，应符合 GB 5768.2 的规定。

6.3.4 八车道高速公路可变限速控制系统性能应符合下列要求：

1 中心向可变限速标志下发的控制指令传输时延不

大于 3 s。

2 中心生成控制指令到外场设备开始执行所需时间不大于 5 s。

3 具有自动故障检测的外场设备在检测到故障信息时，自动向中心发出报警的时延不大于 10 s。

4 系统平均无故障时间（MTBF）不小于 10 000 h。

7 入口匝道控制

7.1 一般规定

7.1.1 入口匝道控制系统宜部署于八车道高速公路枢纽互通、复合式互通。

7.1.2 入口匝道控制选点宜综合考虑下列因素：
1 入口匝道周边交通需求、路网分流条件。
2 入口匝道的几何线形、蓄车能力等条件。
3 入口匝道历史交通事故情况。
4 入口匝道及主线上下游交通运行状态。

7.2 控制条件及策略

7.2.1 入口匝道控制系统的使用应以八车道高速公路主线交通运行状态为依据。匝道控制条件见表7.2.1。

表 7.2.1 匝道控制条件

主线交通运行状态	是否启动匝道控制	匝道控制类型
畅通	可不使用	
基本畅通	宜使用	动态匝道控制
轻度拥堵	应使用	动态匝道控制
严重拥堵	应使用	匝道关闭

7.2.2 由于道路施工、突发事件等影响交通流汇入时,宜启用入口匝道控制。其中,突发事件包括交通事故、路面积雪湿滑等。

7.2.3 入口匝道控制系统宜采用动态匝道控制方式(单匝道控制)。

7.2.4 动态匝道控制算法可采用需求-容量差额控制算法(见附录B)、ALINEA算法或其他适用算法。

7.2.5 入口匝道为双车道时,可采用以下两种匝道控制手段:

1 施划交通标线使双车道合流为单车道后再与主线合流,通过信号控制合流后的车道。

2 双车道均采用信号控制,宜通过错开每个车道的绿灯启亮时间，减少汇入交通流对主线的影响。

7.2.6 入口匝道长度不满足车辆排队要求时，为防止匝道车辆排队溢出，应在入口匝道起点处及其相关区域设置可变信息标志，诱导车辆选择其他路径。

7.3 技术要求

7.3.1 八车道高速公路入口匝道控制系统由感知设施、匝道控制机、匝道信号灯、信息发布设施、交通违法监测记录设施等构成。

7.3.2 八车道高速公路入口匝道控制系统功能应符合下列要求：

1 感知设施应具有以下功能：

1）具备按车道检测交通流量、平均速度和时间占有率等交通参数的功能；

2）主线交通流数据采集设施应具备检测合流点上游和下游分车道交通参数的功能；

3）匝道交通流数据采集设施应具备检测匝道起点和匝道停止线处分车道交通参数的功能；

4）交通流信息采集设施宜采用毫米波雷达或雷视一体化设备。

2 匝道控制机应具有以下功能：

1）具备本地独立控制、执行中心控制系统指令功能，并能将控制状态反馈至中心控制系统；

2）根据指令准确控制信号显示状态；

3）具备交通信息数据汇聚、本地处理、存储及传输功能。

3 匝道信号灯、信息发布设施应具备接收并执行本地及中心控制指令的功能。

4 交通违法监测记录设施应具备违法抓拍、车牌识别以及联网数据传输等功能。

7.3.3 八车道高速公路入口匝道控制系统设置应符合下列要求：

1 感知设施设置应符合下列要求：

1）主线检测断面宜在合流点上游和下游分别设置，检测断面的具体位置应根据控制算法（见附录 B）确定；

2）匝道起点处的检测断面宜设置起点下游 10～40 m 处，匝道停止线处的检测断面位置应根据控制算法（见附录 B）确定；

3）交通参数采集的相对误差小于 5%。

2 匝道控制机设置应符合下列要求：

1）匝道控制机应设置在入口匝道与主线的合流点附近，安装位置应满足安全、防撞、便于操作和检修的要求；

2）匝道信号灯第一次亮灯时应为绿灯；

3）匝道控制器应能自动检测故障，应具备硬件安全防护软件；

4）匝道控制器应能完成自动校时和手动校时；

5）匝道控制器应具备手动、自动两种控制方式；

6）匝道控制器应能根据应用需求保存交通流数据、控制方案、信息发布等日志，存储时间可根据需求设定。

3 匝道信号灯设置应符合下列要求：

1）在入口匝道的起始端设置信号灯时，应根据车道数设置车道信号灯；

2）在入口匝道的汇入端设置信号灯时，应设置机动车信号灯，布设位置宜在停止线下游15～40 m处；

3）信号灯的安装方式、排列顺序、安装数量和位置、方位等应符合GB 14886的规定；

4）信号灯的光学性能、幻像信号、色度性能、耐久性能、功率、电源适应性等应符合GB 14887的规定。

4 信息发布设施设置应符合下列要求：

1）用于辅助说明交通控制状态的可变信息标志宜布置在信号灯附近；

2）可变信息标志的功能和性能应符合 GB/T 23828、GB/T 34428.3、JT/T 607的规定。

5 交通违法监测记录设施设置应符合下列要求：

1）宜在匝道停止线处设置闯红灯自动记录系统；

2）闯红灯自动记录系统的功能和性能应符合

GA/T 496 的规定。

6 交通标志标线设置应符合下列要求：

1）入口匝道合流点处应设置停止线；

2）当匝道双车道需要在合流点汇成单车道时，宜施划交通标志组织车流汇入，并设置合流标志。

7.3.4 八车道高速公路入口匝道控制系统性能应符合下列要求：

1 中心向匝道控制机下发的控制指令传输时延不大于 3 s。

2 中心生成控制指令到外场设备开始执行所需时间不大于 5 s。

3 具有自动故障检测的外场设备在检测到故障信息时，自动向中心发出报警的时延不大于 10 s。

4 系统平均无故障时间（MTBF）不小于 3000 h。

8 收费站入口管控

8.1 一般规定

8.1.1 收费站入口管控系统宜部署于八车道高速公路主线收费站、匝道收费站。

8.1.2 收费站入口管控选点宜综合考虑下列因素：
1 收费站周边交通需求、路网分流条件。
2 收费站的几何线形、蓄车能力等条件。
3 收费站及主线上下游历史交通事故情况。
4 收费站及主线上下游历史天气情况。
5 收费站及主线上下游交通运行状态。

8.2 控制条件及策略

8.2.1 收费站入口管控系统的使用应以八车道高速

公路主线交通运行状态为依据。控制条件见表8.2.1。

表 8.2.1 收费站入口管控控制条件

主线交通运行状态	是否启动收费站入口管控	收费站入口管控类型
畅通	可不使用	正常控制
基本畅通	可不使用	正常控制
轻度拥堵	宜使用	限流控制
严重拥堵	应使用	限流控制

8.2.2 当主线交通运行不拥堵，而收费站入口存在平均10台以上车辆排队，应开足入口收费车道。

8.2.3 雾、雨、雪、沙尘、冰雹等天气影响车辆正常行驶时，宜启用收费站入口限流控制；严重影响车辆通行的，宜启用收费站入口关闭控制。

8.2.4 遇有道路严重损坏或者出现重大交通事故造成交通阻塞的，宜启用收费站入口限流控制；严重影响车辆通行的，宜启用收费站入口关闭控制。

8.2.5 收费站入口管控系统限流控制宜采用调整控制栏杆起落速度改变收费车道通行能力的方式；限流控制启用前后允许放行流量差异较大的，宜采用调整收费车道数的方式。

8.2.6 收费站入口管控系统不宜频繁调整启用收费车道数。

8.2.7 收费站入口管控系统可采用需求容量差额控制算法或其他适用算法。

8.3 技术要求

8.3.1 八车道高速公路收费站入口管控系统由感知设施、控制设施、收费系统、信息发布设施等构成。

8.3.2 八车道高速公路收费站入口管控系统功能应符合如下要求：
1 感知设施应具有以下功能：
1）具备按车道检测交通流量、平均速度、时间占有率和排队长度等交通参数的功能；
2）具备检测事故、突发事件等交通事件的功能；
3）具备检测特殊天气、能见度等公路环境数据的功能；
4）主线交通流数据采集设施应具备检测收费站上游和下游分车道交通参数的功能；
5）收费站交通流数据采集设施应具备检测外广场及上游分车道交通参数的功能；
6）交通流信息采集设施宜采用毫米波雷达或雷视一体

化设备。

2 控制设施应具有以下功能：

1）具备本地独立控制、执行中心控制系统指令功能，并能将控制状态反馈至中心控制系统；

2）可以将指令准确发送至收费系统，由收费系统控制栏杆状态；

3）具备交通信息数据汇聚、本地处理、存储及传输功能。

3 收费系统应具备以下功能：

1）应符合JTG 6310、JTG B10-01的规定；

2）具备收费公路联网收费功能；

3）具备收费车道开启和关闭的功能；

4）具备调整收费车道自动栏杆起落速度的功能。

4 信息发布设施应具备接收并执行本地及中心控制指令的功能。

8.3.3 八车道高速公路收费站入口管控系统设置应符合下列要求：

1 感知设施设置应符合下列要求：

1）设置感知设施应符合GA/T 1047的规定；

2）在收费站外广场、主线上下游等位置应设置交通流信息采集设施；

3）特殊天气多发路段应视情况设置交通气象监测设备；

4）事故、突发事件易发路段应视情况设置交通事件检测器。

2 控制设施设置位置应结合收费站入口实际情况进行确定。

3 收费系统设置应符合 JTG 6310 的规定。

4 信息发布设施应符合下列要求：

1）可变信息标志显示的数字形式及颜色应符合 GB 5768.2 的规定；

2）设置位置应在收费站入口起始点前 200 m 或者高速公路与地方道路连接处，告知驾驶员高速公路收费站及主线运行状态，以提醒提前规划行驶路径。

8.3.4 八车道高速公路收费站入口管控系统性能应符合下列要求：

1 中心向控制设施下发的控制指令传输时延不大于 3 s。

2 中心生成控制指令到外场设备开始执行所需时间不大于 5 s。

3 具有自动故障检测的外场设备在检测到故障信息时，自动向中心发出报警的时延不大于 10 s。

4 系统平均无故障时间（MTBF）不小于 3000 h。

5 可变信息标志性能要求应符合 GB 23828 的规定。

9 交通诱导

9.1 一般规定

9.1.1 交通诱导选点宜综合考虑周边交通需求、路网分流、历史事故条件。

9.1.2 交通诱导系统宜部署于八车道高速公路分流点上游,包括互通出口、服务区入口上游。

9.1.3 交通诱导信息应通过可变信息标志、手持移动终端等方式发布。

9.1.4 枢纽互通出口上游可变信息标志可展示周边路网交通状态,以及诱导路径。

9.2 诱导策略

9.2.1 当枢纽互通下游某方向拥堵时,宜在枢纽互通前诱导车辆驶向其他方向。

9.2.2 当服务区饱和时,宜在上游服务区前诱导车辆提前进入,其在当前服务区前诱导车辆进入下游服务区。

9.2.3 发生恶劣天气、交通事故等事件,应发布相应事件信息。

9.2.4 当分流点下游各路径均发生拥堵,可只发布拥堵信息,不做交通诱导。

9.3 技术要求

9.3.1 八车道高速公路交通诱导系统由感知设施、可变信息标志等构成。

9.3.2 八车道高速公路交通诱导系统功能应符合如下要求:

1 感知设施应具有以下功能:

1) 具备检测交通流量、平均速度和时间占有率等交通参数的功能;

2) 具备异常停车、交通事故等事件检测的功能;

3) 交通流信息采集设施宜采用毫米波雷达或雷视一体化设备。

2 可变信息标志应具有以下功能:

1) 应具备接收并执行本地及中心控制指令的功能;

2）发布内容应符合 JT/T 607 及 Q/SDHS IN 011 的规定。

9.3.3 八车道高速公路交通诱导系统设置应符合下列要求：

1 感知设施、可变信息标志应集成到现有或新建门架或杆件上。如条件受限根据实际情况选择其中部分设施。

2 感知设施设置应符合下列要求：

1）特殊天气多发路段应视情况设置交通气象监测设备；

2）事故、突发事件易发路段应视情况设置交通事件检测器。

3 可变信息标志距离八车道高速公路分流点鼻端宜不少于 1 km。

9.3.4 八车道高速公路交通诱导系统性能应符合下列要求：

1 中心向交通诱导系统下发的控制指令传输时延不大于 3 s。

2 中心生成控制指令到外场设备开始执行所需时间不大于 5 s。

3 具有自动故障检测的外场设备在检测到故障信息时，自动向中心发出报警的时延不大于 10 s。

4 系统平均无故障时间（MTBF）不小于 3000 h。

10 交通安全预警

10.1 一般规定

10.1.1 交通安全预警系统宜部署于八车道高速公路匝道间合流点、匝道与主线合流点、多雾区段。

10.1.2 交通安全预警选点宜综合考虑下列因素：
1 合流点的几何线形、通行能力等条件。
2 合流点历史交通事故情况。
3 历史天气情况。

10.1.3 交通安全预警系统的设置应反复论证，宜通过驾驶模拟试验进行评估和验证。

10.1.4 交通安全预警信息发布应符合 DB37/T 4380 的相关规定。

10.2 预警策略

10.2.1 安全预警策略包括道路轮廓强化、合流主动诱导、防止追尾警示。

10.2.2 合流点安全预警策略：
1 合流点两车道间车速差过大时，进行合流主动诱导。
2 合流点车辆速度过低时，对后方车辆进行防止追尾警示。

10.2.3 多雾区段安全预警策略为道路轮廓强化和防止追尾警示。

10.3 技术要求

10.3.1 八车道高速公路交通安全预警系统由感知设施、安全警示设施等构成。

10.3.2 八车道高速公路交通安全预警系统功能应符合如下要求：
1 应具备太阳能供电、无线通信功能。
2 感知设施应具有以下功能：

1）具备按车道检测车辆位置、平均速度、瞬时速度等参数的功能；

2）具备异常停车等事件检测的功能；

3）具备检测最大距离不小于20 m、可在各种天气条件下工作、车辆检测准确率不低于95%的功能。

3 安全警示设施应具有以下功能：

1）应具备向本地及中心同步其状态的功能。

2）同步闪烁策略分为常亮、30次/min、60次/min、120次/min等4种。

3）道路轮廓强化功能：黄色警示灯应能够显示为常亮状态。

4）合流主动诱导功能：黄色警示灯应能够按照特定频率进行同步闪烁，合流点两车道间车速差越大，闪烁频率越高。

5）防止追尾警示功能：当有低速车辆经过时，可触发上游特定组安全警示设施的红色警示灯点亮，形成红色尾迹提示后方车辆前方有低速车辆，同时其他安全警示设施的黄色警示灯同步闪烁，并且红色尾迹将随着低速车辆的向前行驶而同步迁移；当有车辆停止时，所有安全警示设施的红色警示灯点亮。

10.3.3 八车道高速公路交通安全预警系统设置应符合下列要求：

1 感知设施可利用高速公路现有视频或毫米波雷达，

或单独设置在路侧杆件，或集成在安全警示设施中。

2 安全警示设施设置应符合下列要求：

1）宜设置在车道边缘线外侧或护栏上；

2）合流点处的设施间距可随着与合流点位置接近而逐渐缩短；

3）外观及尺寸宜符合 JT/T 1032 的规定。

10.3.4 八车道高速公路交通安全预警系统性能应符合下列要求：

1 处于同一联网控制下的安全警示设施，其同步闪烁的时间误差应小于 25 ms，同步闪烁频率可在 30 次/min、60 次/min、120 次/min 等三档进行调整。

2 安全警示设施发光有效面积不小于 0.02 m^2，发光亮度可在 500~7000 cd/m^2 范围内调整。

3 系统中任意连续 80 m 范围内的安全警示设施出现损毁、丢失、自身故障等情形时，系统中的其他安全警示设施仍能够正常工作。

4 太阳能蓄电池的额定容量应满足安全警示设施正常发光 72 h 的需要。

5 系统向中心同步状态传输时延不大于 5 s。

6 具有自动故障检测的外场设备在检测到故障信息时，自动向中心发出报警的时延不大于 10 s。

11 恶劣天气管控

11.1 一般规定

11.1.1 恶劣天气管控系统宜部署于八车道高速公路易受雾、雨、雪、风、沙尘、冰雹等恶劣天气影响的路段。

11.1.2 恶劣天气管控选点宜综合考虑下列因素：
1 管控路段历史天气情况。
2 管控路段周边交通需求、路网分流条件。
3 管控路段的几何线形等条件。
4 管控路段历史交通事故情况。

11.2 管控条件及策略

11.2.1 恶劣天气管控系统的使用应以八车道高速公路能见度为依据。控制条件见表11.2.1。

表 11.2.1 控制条件

交通控制等级/能见度	公路封闭条件	高速公路控制措施
四级/ 100 m≤能见度 <200 m	发生重特大交通事故	① 限速 60 km/h； ② 视情况，可采取入口限流措施； ③ 采取交通诱导措施； ④ 如果有，启用恶劣天气交通安全引导设施； ⑤ 提示通行车辆开启雾灯、近光灯、示廓灯和前后位灯，保持车间距不小于 100 m
三级/ 50 m≤能见度 <100 m	发生交通事故，根据恶劣天气影响范围及其上下游关联管控区域确定封闭路段和分流节点	① 限速 40 km/h； ② 视情况，可采取入口限流措施； ③ 采取交通诱导措施； ④ 如果有，启用恶劣天气交通安全引导设施； ⑤ 采取车辆限制措施； ⑥ 视情况，采取带道通行措施； ⑦ 提示通行车辆开启雾灯、近光灯、示廓灯、前后位灯和危险报警闪光灯，保持车间距不小于 50 m
二级/ 30 m≤能见度 <50 m	路段上恶劣天气交通安全引导设施不完善，根据恶劣天气影响范围及其上下游关联管控区域确定封闭路段和分流节点	① 限速 20 km/h； ② 采取入口限流措施； ③ 采取交通诱导措施； ④ 如果有，启用恶劣天气交通安全引导设施； ⑤ 采取车辆限制措施； ⑥ 视情况，采取带道通行措施； ⑦ 视情况，采取分流疏导措施； ⑧ 提示通行车辆开启雾灯，近光灯、示廓灯、前后位灯和危险报警闪光灯，并从最近的出口尽快驶离高速公路
一级/ 能见度<30m	根据恶劣天气影响范围及其上下游关联管控区域确定封闭路段和分流节点	① 采取公路封闭措施； ② 采取交通诱导措施； ③ 如果有，启用恶劣天气交通安全引导设施； ④ 采取分流疏导措施； ⑤ 提示通行车辆以不超过 20 km/h 的速度就近驶离公路或进入服务区休息； ⑥ 提示已驶入高速公路的车辆开启雾灯、近光灯、示廓灯、前后位灯和危险报警闪光灯； ⑦ 除特别紧急公务、紧急抢险救护等车辆在警车或路政车带道下通行外，管制路段禁止其他各类车辆驶入高速公路

11.2.2 恶劣天气管控系统宜采用封闭路段、间断放行、限制车速、警车压速带道和分流疏导等方式。

11.2.3 恶劣天气管控系统应采用分级管控策略，宜分为 4 级进行管控，应符合《中华人民共和国道路交通安全法实施条例》、GB/T 31445、GB/T 31444、GB/T 31443、QX/T 111、DB37/T 3794 的规定。

11.3 技术要求

11.3.1 八车道高速公路恶劣天气管控系统由感知设施、控制设施、信息发布设施、交通违法监测记录设施等构成。恶劣天气高影响路段优化提升方案见附录 C。

11.3.2 八车道高速公路恶劣天气管控系统功能应符合如下要求：

1 感知设施应具有以下功能：

1）具备按车道检测交通流量、平均速度和时间占有率等交通参数的功能；

2）具备检测事故、突发事件等交通事件的功能；

3）具备检测恶劣天气、能见度等公路环境数据的功能；

4）交通流信息采集设施宜采用毫米波雷达或雷视一体化设备。

2 控制设施应具有以下功能：

1）具备本地独立控制、执行中心控制系统指令功能，并能将控制状态反馈至中心控制系统；

2）根据指令准确控制信息发布设施显示状态；

3）具备交通信息数据汇聚、本地处理、存储及传输功能。

3 信息发布设施应具有以下功能：

1）可变信息标志应具备接收并执行本地及中心控制指令的功能，应符合 GB 23828 的规定；

2）可变限速标志应符合 GB 23826 的规定。

4 交通违法监测记录设施应具备违法抓拍、车牌识别以及联网数据传输等功能。

11.3.3 八车道高速公路恶劣天气管控系统设置应符合下列要求：

1 感知设施设置应符合下列要求：

1）设置感知设施应符合 GA/T 1047 的规定；

2）交通流信息采集设施设置位置应结合恶劣天气管控系统选点位置实际情况进行确定；

3）恶劣天气多发路段应视情况设置交通气象监测设备。

2 控制设施设置宜附着安装在信息发布设施的杆件上。

3 信息发布设施设置应符合下列要求：

1）可变信息标志显示的数字形式及颜色应符合GB 5768.2 的规定；

2）设置位置应在恶劣天气多发路段，告知驾驶员高速公路前方天气状态；

3）可变限速标志应符合 GB 5768.5、JTG/T 3381-02 的规定。

4 交通违法监测记录设施设置应符合下列要求：

1）交通违法监测记录设施设置应符合 GA/T 1047 的规定；

2）宜附着安装在交通设施的杆件上。

5 交通标志标线设置应符合下列要求：

1）应视情况设置恶劣天气公路行车安全诱导装置，应符合 JT/T 1032 的规定；

2）宜与辅助标志或其他警告标志、减速标线、减速路面等配合使用。

11.3.4 八车道高速公路恶劣天气管控系统性能应符合下列要求：

1 中心向可变信息标志下发的控制指令传输时延不大于 3 s。

2 中心生成控制指令到外场设备开始执行所需时间不大于 5 s。

3 具有自动故障检测的外场设备在检测到故障信息时，自动向中心发出报警的时延不大于 10 s。

4 系统平均无故障时间（MTBF）不小于 10 000 h。

5 可变信息标志性能要求应符合 GB 23828 的规定。

6 可变限速标志性能要求应符合 GB 23826 的规定。

附录A 济青高速公路（淄博段）主动交通管理应用案例

A.1 济青高速公路简介

济青高速公路是我国"71118"[①]高速公路网规划的"横五"线，同时也是山东省"九纵五横一环七射多连"高速公路网规划中的"横二"线，全长309.2 km，连接山东省济南、潍坊、淄博、滨州和青岛这5座经济城市，沿线交通出行需求较大，横贯山东东西，对于整个山东地区具有极为重要的战略意义。该项目改扩建工程于2016年6月正式动工，于2019年底完工，设计速度为120 km/h，是我国一次性改扩建里程最长的"四改八"高速公路工程。

[①] 根据2022年7月《国家公路网规划》，国家高速公路网由"7射、11纵、18横"等路线组成，简称"71118"网。

A.2 硬路肩动态管控技术应用

试点应用为济青高速公路淄博西枢纽互通，青岛往济南方向，如图 A.2.1 所示。

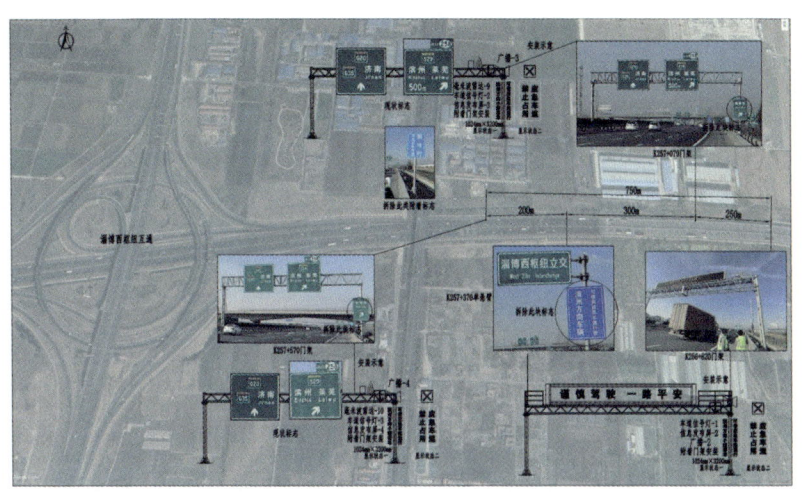

图 A.2.1 淄博西枢纽互通硬路肩动态管控应用示例

A.2.1 硬路肩开启条件

当出现下列情形之一时，运管中心值班人员经高速公路交警部门批准后开硬路肩。

1 交警部门巡逻发现需要开启硬路肩，拨打电话至运管中心。

2 司乘人员通过电话 96659 上报路段拥堵情况，经运管中心值班人员核实，并且无交通事故发生。

3 运管中心值班人员通过监控发现路段产生拥堵，并且无交通事故发生。

4 运管中心管控系统通过交通流检测数据智能研判，提出可以开放硬路肩，并经运管中心值班人员核实。

5 其他特殊情况。

A.2.2 硬路肩开启步骤

硬路肩开启流程如图 A.2.2 所示。

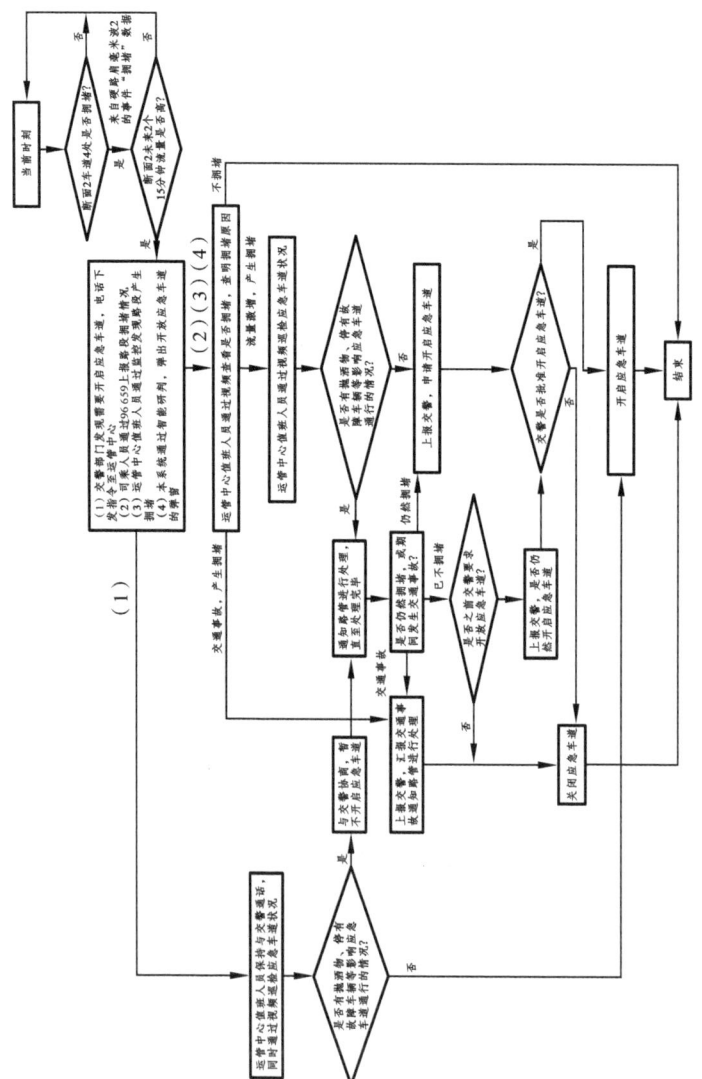

图 A.2.2 淄博西枢纽互通硬路肩开启流程

硬路肩开启步骤中外场设备信息发布内容见表A.2.1。

表 A.2.1 淄博西枢纽硬路肩开启步骤外场设备信息发布内容

步骤	信息发布形式	描述
应急车道关闭		应急车道指示器：无内容 路侧 LED 显示屏：无内容 外场音柱：无
运管中心值班人员通过视频巡检应急车道状况 通知路管进行处理，直至处理完毕		应急车道指示器：红色"×" 路侧 LED 显示屏：红字"禁止占用应急车道" 外场音柱：播放录音"高速交警提示，禁止占用应急车道"
开启应急车道		应急车道指示器：绿色"↓" 路侧 LED 显示屏：绿字"往滨州小客车 可借应急车道" 外场音柱：播放录音"高速交警提示，滨州方向小型客车，可借应急车道通行"

A.2.3 不宜开启硬路肩的情况

当出现以下情形时，不宜开启硬路肩：

1 硬路肩内停有故障车辆或其他障碍物。

2 路段发生恶劣天气、事故灾难、公共卫生事件、社会安全事件等特殊情况。

3 下游路段发生交通事故等突发事件。

4 管控路段涉及特勤安保等特殊保障任务。

A.2.4 硬路肩关闭条件

当出现下列情形之一时，运管中心值班人员经高速公路交警部门批准后关闭硬路肩：

1 交警部门巡逻发现需要关闭硬路肩，拨打电话至运管中心。

2 司乘人员通过 96659 上报路段交通事故情况，经运管中心值班人员核实。

3 运管中心值班人员通过监控发现路段发生交通事故或者拥堵明显缓解。

4 运管中心管控系统通过交通流检测数据智能研判，提出可以关闭硬路肩，并经运管中心值班人员核实。

5 其他特殊情况。

A.2.5 硬路肩关闭步骤

硬路肩关闭流程如图 A.2.3 所示。

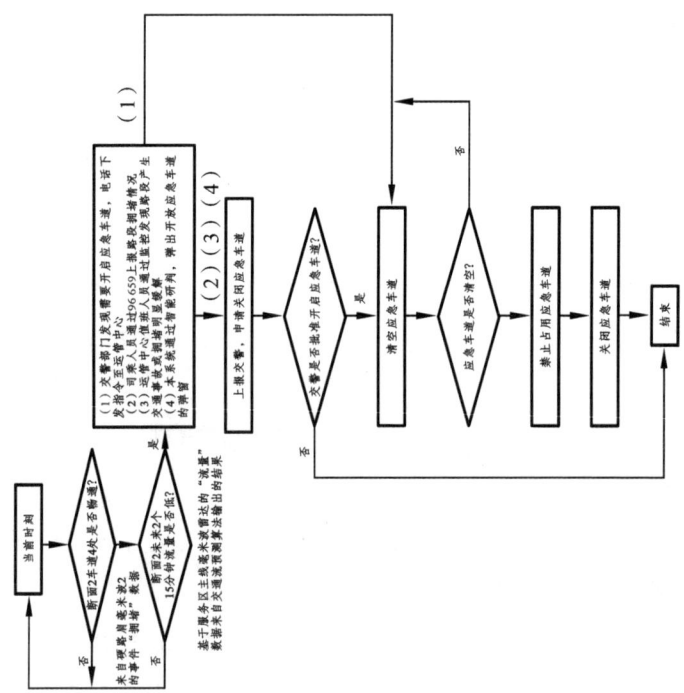

图 A.2.3 淄博西枢纽互通硬路肩关闭流程图

硬路肩关闭步骤中外场设备信息发布内容见表 A.2.2。

表 A.2.2　淄博西枢纽硬路肩关闭步骤外场设备信息发布内容

步骤	信息发布形式	描述
应急车道开启状态		应急车道指示器：绿色"↓" 路侧 LED 显示屏：绿字"往滨州小客车 可借应急车道" 外场音柱：播放录音"高速交警提示，滨州方向小型客车，可借应急车道通行"
清空应急车道		应急车道指示器：绿色"↓"，闪烁 路侧 LED 显示屏：黄字"应急车道即将关闭 快速通行" 外场音柱：播放录音"高速交警提示，应急车道即将关闭，请快速通行"
禁止占用应急车道		应急车道指示器：红色"×" 路侧 LED 显示屏：红字"禁止占用 应急车道" 外场音柱：播放录音"高速交警提示，禁止占用应急车道"
关闭应急车道		应急车道指示器：无内容 路侧 LED 显示屏：无内容 外场音柱：无

A.2.6 应急预案

路段出现以下情形之一，运管中心应立即启动应急预案：

1 设备异常：LED屏等信息发布设备无法正常工作。

1）运管中心值班人员应远程发布空白信息，非常情况下应强制关闭设备或切断电源；

2）运管中心值班人员确认设备故障等基本信息后，即刻上报运管中心，组织工作人员及车辆上路管控，并提示"应急车道禁止通行"；

3）运管中心及时组织运维单位检修，确保设备完好可用。

2 流量超饱和：路段全线拥堵，开放硬路肩无法满足快速通行需求。运管中心值班人员应上报交警，经交警批准后立即关闭硬路肩。

3 突发事件：包括交通事故、车辆故障、坠落大型障碍物等影响道路通行且需要紧急清障救援的情况。运管中心值班人员应上报高速交警，经交警批准后关闭硬路肩。

A.3 复合式互通入口匝道控制、交通安全警示、收费站入口管控及广域诱导综合联动控制技术应用

试点应用为济青高速公路淄博收费站、淄博服务区组成的复合式互通，青岛往济南方向，如图A.3.1所示。

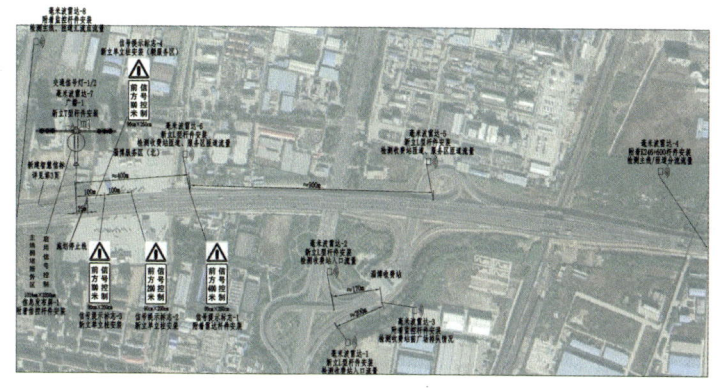

图 A.3.1 淄博服务区—收费站复合式互通应用示例

A.3.1 联动控制判断条件

1 判断1：服务区淄博收费站汇入主线处交通拥堵情况。

2 判断2：服务区主线匝道处交通拥堵情况。

3 判断3：服务区入口汇流处交通拥堵情况。

淄博服务区—收费站复合式互通控制点示意图如图A.3.2所示。

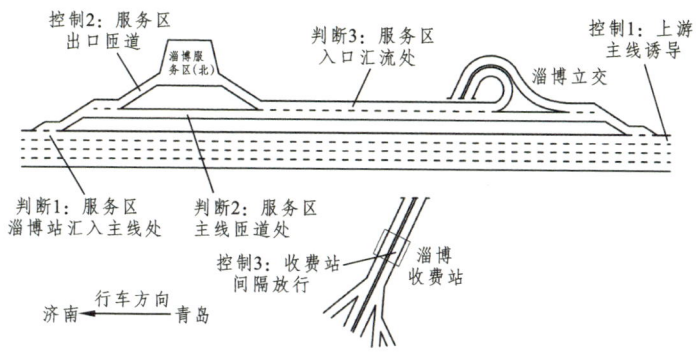

图 A.3.2 淄博服务区—收费站复合式互通控制点示意图

A.3.2 联动控制策略

1 控制1：服务区出口匝道控制。

2 控制2：相邻服务区诱导。青州服务区上游主线门架情报板（情报板1）提示"淄博服务区饱和，建议提前进入青州服务区"。淄博服务区上游主线门架情报板（情报板6）提示"淄博服务区饱和，建议前往下一服务区"。

3 控制3：淄博收费站间隔放行控制。

拟控制门架情报板示意图如图A.3.3所示。

图 A.3.3　拟控制门架情报板示意图

A.3.3 工况判断条件和控制策略

运管中心值班人员经高速公路交警部门批准后选择执行下列控制工况之一，见表A.3-1。

表 A.3.1　各种控制工况所对应判断条件和控制策略

工况	判断条件				控制策略		
	1.服务区淄博站汇入主线处拥堵	2.服务区主线匝道处拥堵	3.服务区主线匝道拥堵导致入口汇流处拥堵	4.服务区饱和导致入口汇流处拥堵	1.启用服务区出口匝道控制	2.启用相邻服务区诱导	3.启用收费站间隔放行
0	正常状态				无		
1				是		是	
2	是	否	否	否	配时方案1		
3	是	是	否	否	配时方案2		
4	是	是	是	否	配时方案3		是

淄博收费站间隔放行控制（控制策略 3）由淄博收费站值班人员根据车辆排队情况调整收费车道启用数量和放行频率，收费车道启用数量调整宜间隔 5 min 以上。

A.3.4　不宜采用控制策略的情况

当出现以下情形时，不宜启用任一控制策略，对正在启用中的控制策略运管中心值班人员应立即电话汇报高速交警，经高速公路交警部门批准后关闭。

1　行驶车道内停有故障车辆或其他障碍物。

2　路段发生恶劣天气、事故灾难、公共卫生事件、社会安全事件等特殊情况。

3 管控路段及相邻路段发生交通事故等突发事件。
4 管控路段涉及特勤安保等特殊保障任务。
5 其他特殊情况。

A.3.5 联动控制条件

当通过下列途径之一获取服务区淄博站汇入主线处（判断条件1）、服务区主线匝道处（判断条件2）、服务区入口汇流处（判断条件3）的交通拥堵情况，并且没有发生A.3.4的其他特殊情况，根据3个判断条件选择相应的控制工况。

1 交警部门巡逻发现（视频发现）路段拥堵情况，电话下发指令至运管中心。

2 司乘人员通过电话96659上报路段拥堵情况，经运管中心值班人员核实。

3 运管中心值班人员通过监控发现路段拥堵情况。

4 管控系统通过交通流检测数据智能研判，提出推荐选择控制工况的提示，并经运管中心值班人员核实。

当启用或者关闭服务区出口匝道控制（控制策略1）、淄博收费站间隔放行控制（控制策略3）时，运管中心值班人员经高速公路交警部门批准后执行。

A.3.6 联动控制开启步骤

切换为控制工况1至工况4的流程如图A.3.4所示。

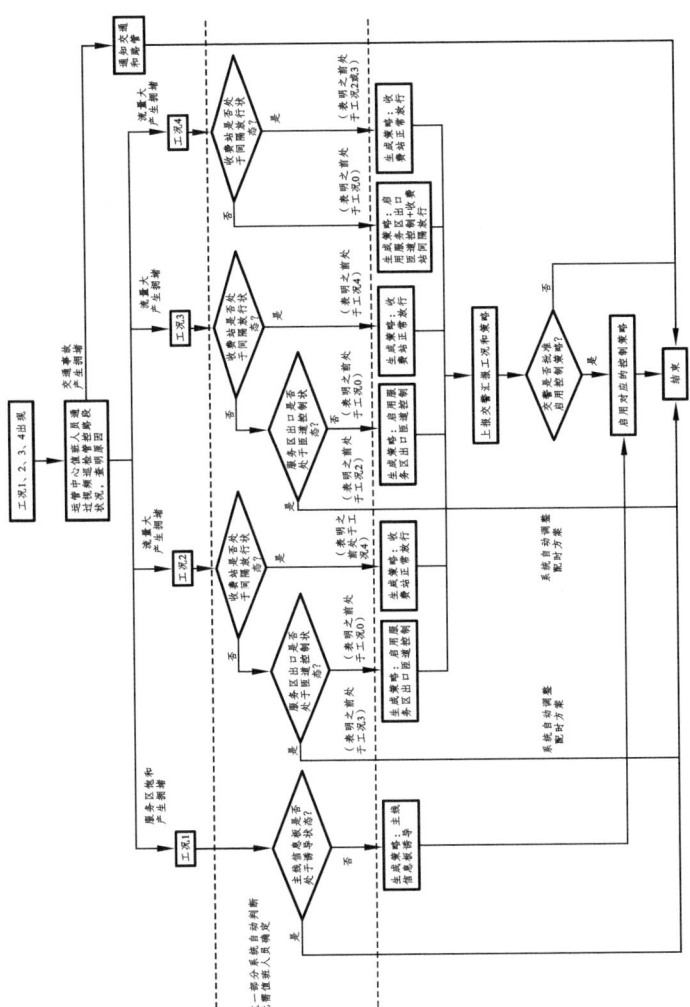

图 A.3.4 淄博服务区—收费站复合式互通联动控制开启流程

A.3.7 联动控制关闭步骤条件

切换为控制工况 0 的流程如图 A.3.5 所示。

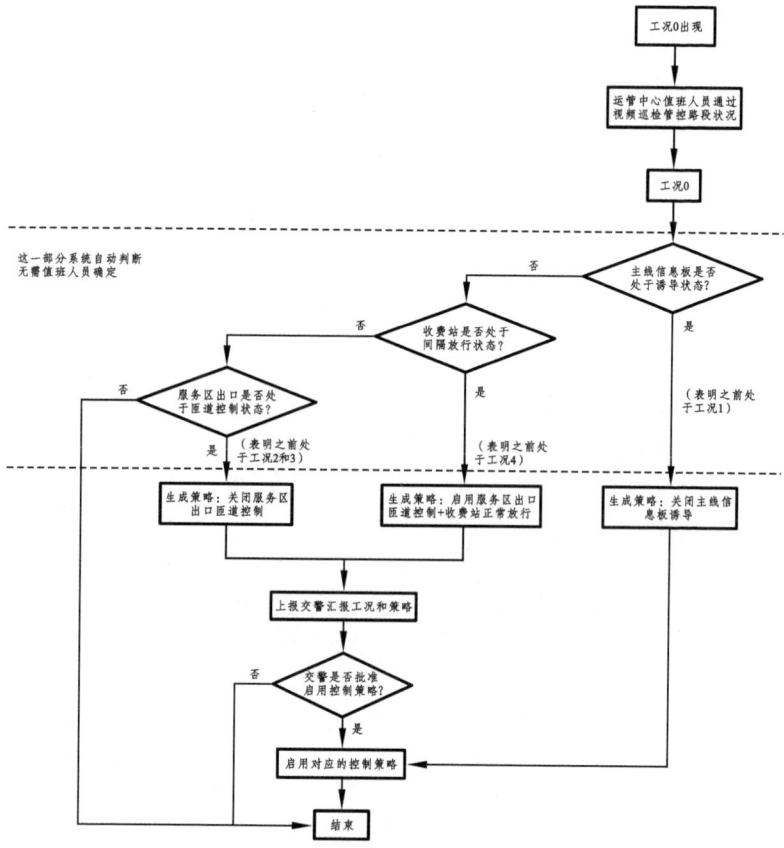

图 A.3.5 淄博服务区—收费站复合式互通联动控制关闭流程

A.3.8 外场设备信息发布内容

服务区出口匝道控制（控制策略 1）外场设备信息发布内见表 A.3.2。

表 A.3.2 淄博服务区出口匝道控制（控制策略 1）外场设备信息发布内容

状态	信息发布形式	描述
启用	服务区出口匝道信号灯 ●●●→●●●→●●●→●●● 服务区主线匝道信号灯 ●●● LED 显示屏	服务区出口匝道信号灯："绿→黄→红→绿"模式 服务区主线匝道信号灯："常绿"模式 LED 显示屏：黄字"前方道路拥堵 匝道信号控制" 外场音柱：播放录音"高速交警提示，前方道路拥堵，匝道信号控制"
关闭	服务区出口匝道信号灯 ●●● 服务区主线匝道信号灯 ●●● LED 显示屏	服务区出口匝道信号灯："熄灭"模式 服务区主线匝道信号灯："熄灭"模式 LED 显示屏：无内容 外场音柱：无内容
切换	"关闭"切换"启用"信号灯 ●●●→●●● "启用"切换"关闭"信号灯 ●●●→●●● LED 显示屏	"关闭"切换"启用"服务区出口匝道及服务区主线匝道信号灯："熄灭→绿"模式 "启用"切换"关闭"服务区出口匝道及服务区主线匝道信号灯："绿→熄灭"模式 LED 显示屏：无内容 外场音柱：无内容

上游主线诱导（控制策略 2）外场设备信息发布内容见表 A.3.3。

表 A.3.3 淄博服务区上游主线诱导（控制策略 2）外场设备信息发布内容

状态	信息发布形式	描述
启用	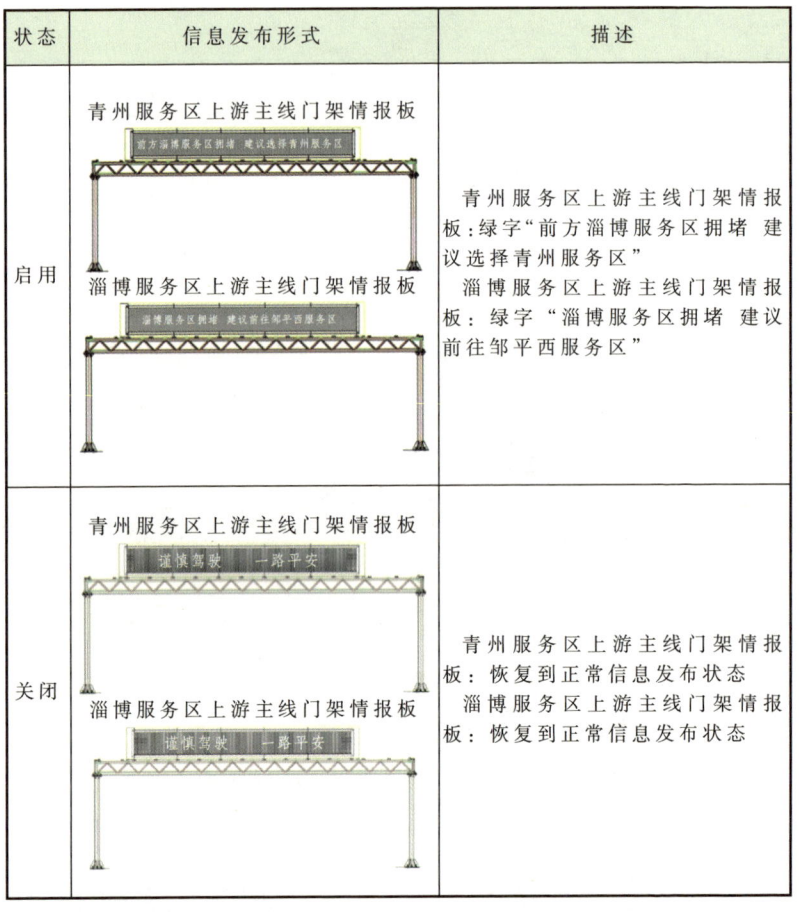	青州服务区上游主线门架情报板：绿字"前方淄博服务区拥堵 建议选择青州服务区" 淄博服务区上游主线门架情报板：绿字"淄博服务区拥堵 建议前往邹平西服务区"
关闭		青州服务区上游主线门架情报板：恢复到正常信息发布状态 淄博服务区上游主线门架情报板：恢复到正常信息发布状态

A.3.9 应急预案

路段出现以下情形之一，淄博运管中心应立即启动应急预案：

1 设备异常：可变情报板、交通信号灯等设备无法正常工作。

1）淄博运管中心值班人员应远程发布空白信息及将信号灯调整为"熄灭"模式，非常情况下应强制关闭设备或切断电源；

2）淄博运管中心值班人员确认设备故障等基本信息后，即刻从应急收费站、服务区、清排障驻点、临时驻点等就近安排工作人员及车辆上路管控；

3）淄博运管中心应及时上报设备故障信息，通知运维单位及时检修，确保设备完好可用。

2 突发事件：包括交通事故、车辆故障、坠落大型障碍物等影响道路通行的情况。

运管中心值班人员应上报高速交警，经交警批准后关闭控制策略。

A.3.10 交通诱导设施

入口匝道合流点配套设置交通诱导设施如图 A.3.6 所示。

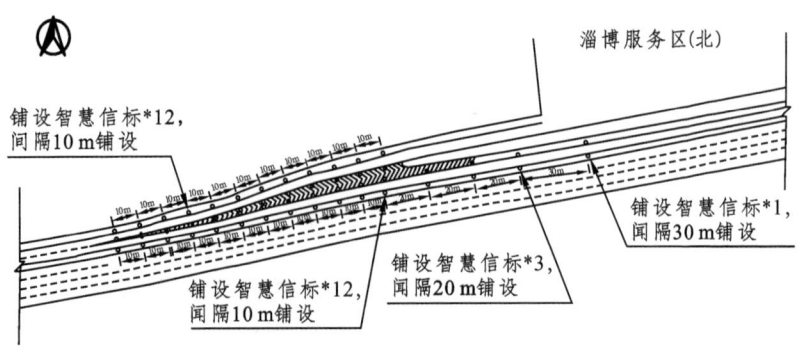

图 A.3.6 淄博服务区—收费站复合式互通交通安全诱导设施布设

附录 B 入口匝道控制算法

B.1 需求-容量差额控制模型

需求-容量差额控制模型是根据高速公路主线上下游需求容量进行入口匝道控制的一种模型,是在对匝道上游交通量和下游容量实时比较的基础上选择匝道调节率。

模型采用的调节率(pcu/s)计算公式如下:

$$r(k) = C_a - q_d(k-1)$$

$$c(k) = \frac{n}{r(k)}$$

模型的约束条件如下:

$$r_{\min} \leqslant r(k) \leqslant r_{\max}$$

$$d(k-1) + \frac{L_{\max} - l(k-1)}{T} \leqslant r(k) \leqslant d(k-1) + \frac{l(k-1)}{T}$$

式中　$r(k)$——时间 $T(k) \leqslant t \leqslant T(k+1)$ 内的调节率(pcu/s);

C_a——历史统计确定或实时测量计算出的匝道下

游实际通行能力（pcu/s）;

$q_d(k-1)$——测量 $(k-1)T \leqslant t \leqslant kT$ 时间内匝道下游交通需求（pcu/s）;

$c(k)$——调节系统的周期长度（s）;

n——每个调节周期内允许进入的车辆数，n=1, 2, 3,…;

$d(k)$——匝道车辆达到率（pcu/s）;

$l(k)$——匝道排队长度（pcu）;

L_{max}——匝道最大允许排队长度（pcu）;

T——控制周期（s），一般取60 s;

r_{min}——匝道使用的最小调节率（pcu/s）;

r_{max}——匝道使用的最大调节率（pcu/s）。

B.2 入口匝道关闭

如果高速公路上游交通量比下游容量大，宜采用零调节率或关闭入口匝道。

B.3 入口匝道严重拥挤状态时的调节率

如果高速公路入口匝道处于严重拥挤状态时，常用 3~4辆/min 的最小调节率。

匝道交通运行状态等级划分见表 B.3.1。

表 B.3.1 匝道交通运行状态

匝道交通运行状态	平均速率取值单位
畅通	$\varepsilon_{ij} > 70\% \times \varepsilon^f$
基本畅通	$50\% \times \varepsilon^f < \varepsilon_{ij} \leqslant 70\% \times \varepsilon^f$
轻度拥堵	$30\% \times \varepsilon^f < \varepsilon_{ij} \leqslant 50\% \times \varepsilon^f$
严重拥堵	$\varepsilon_{ij} \leqslant 30\% \times \varepsilon^f$
注：ε_{ij} 表示平均速率；ε^f 表示自由流速率	

附录 C 恶劣天气高影响路段优化提升方案

C.1 基础版方案

基础版方案依赖气象部门提供的恶劣天气预警信息，可根据情况增加固定式气象信息采集设备。在恶劣天气高影响路段路侧设置限速发布、路廓路况警示（路线诱导）、汇入警示、智能视频监控等前端设备，同步在上下游相邻服务区、停车区、收费站等位置增加可变情报板、广播等警示提示设施，通过管理系统实现交通警情事件自动检测、多部门联动预警处置、多渠道向社会发布等功能。基础版方案如图 C.1.1、图 C.1.2 所示。

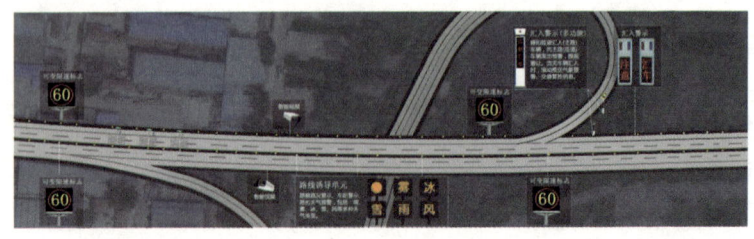

图 C.1.1 基础版方案功能结构示意图

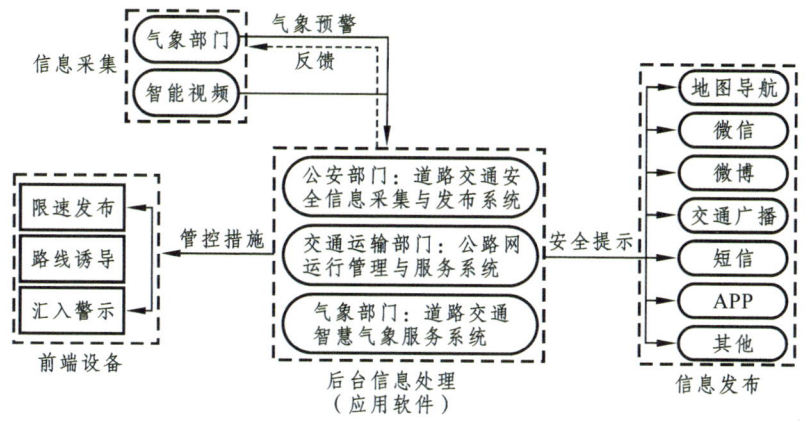

图 C.1.2 基础版方案工作原理

C.2 标准版方案

标准版方案是在实现基础版功能的同时，在恶劣天气高影响路段增加固定式气象信息采集、车速测速、车距测距前端设备，实现天气实况信息采集、超速、控距等执法取证功能，适用于恶劣天气中、高影响路段。标准版方案如图 C.2.1、图 C.2.2 所示。

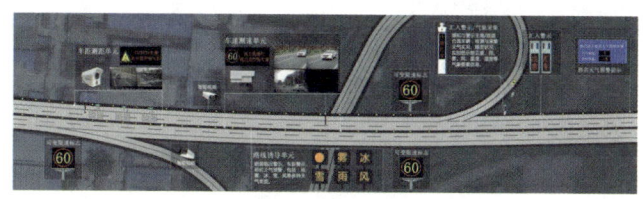

图 C.2.1 标准版方案功能结构示意图

75

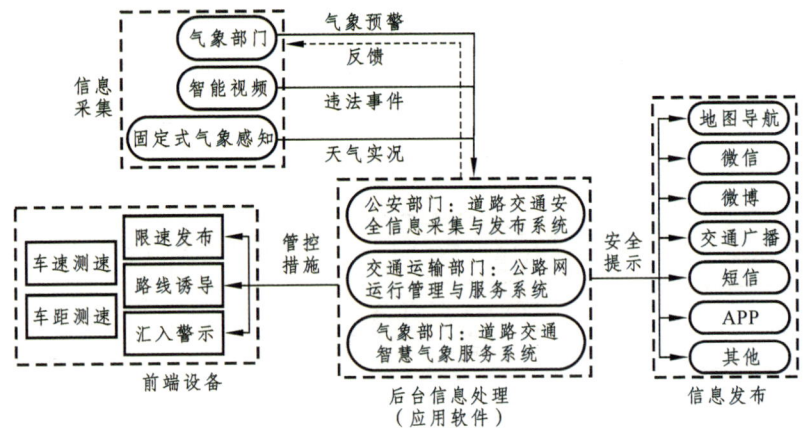

图 C.2.2　标准版方案工作原理

C.3　提升版方案

提升版方案是在标准版基础上，在恶劣天气高影响路段增加移动式气象感知（车载、无人机等）、恶劣天气预警和交通管控措施全路段梯级警示提示设备，实现管控路段气象信息采集、预警、交通管控与发布全覆盖，适用于恶劣天气高影响路段。提升版方案如图 C.3.1、图 C.3.2 所示。

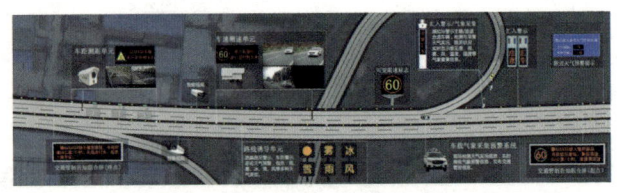

图 C.3.1　提升版方案功能结构示意图

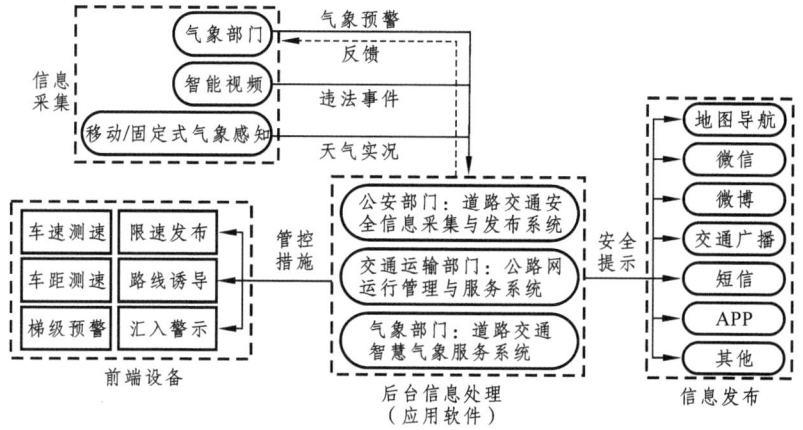

图 C.3.2 提升版方案工作原理

以上三个版本的方案，可根据恶劣天气类别、交通安全影响程度和影响路段线形条件进行交叉组合应用，也可以按照实际需求进行个性化功能定制和优化升级。

本指南用词用语说明

1 本指南执行严格程度的用词,采用下列写法:
 1)表示很严格,非这样做不可的用词,正面词采用"必须",反面词采用"严禁";
 2)表示严格,在正常情况下均应这样做的用词,正面词采用"应",反面词采用"不应"或"不得";
 3)表示允许稍有选择,在条件许可时首先应这样做的用词,正面词采用"宜",反面词采用"不宜";
 4)表示有选择,在一定条件下可以这样做的用词,采用"可"。
2 引用标准的用语采用下列写法:
 1)在总则中表述与相关标准的关系时,采用"除应符合本指南的规定外,尚应符合国家、行业和山东省现行有关标准及文件的规定";
 2)在条文及其他规定中,当引用的标准为国家标准、行业标准和山东省地方标准时,表述为"应

符合《××××××》(×××)的有关规定";
3)当引用本指南中的其他规定时,表述为"应符合本指南第x章的有关规定""应符合本指南第x.x节的有关规定""应符合本指南第x.x.x条的有关规定"或"应按本指南第x.x.x条的有关规定执行"。

引用标准目录

1 《道路交通标志和标线 第 2 部分：道路交通标志》GB 5768.2
2 《道路交通标志和标线 第 5 部分：限制速度》GB 5768.5
3 《道路交通信号灯设置与安装规范》GB 14886
4 《道路交通信号灯》GB 14887
5 《机动车测速仪》GB/T 21255
6 《高速公路 LED 可变限速标志》GB 23826
7 《高速公路 LED 可变信息标志》GB/T 23828
8 《冰雪天气公路通行条件预警分级》GB/T 31443
9 《雾天公路通行条件预警分级》GB/T 31444
10 《雾天高速公路交通安全控制条件》GB/T 31445
11 《高速公路监控设施通信规程 第 3 部分：LED 可变信息标志》GB/T 34428.3
12 《匝道控制系统设置要求》GB/T 34599
13 《公路工程技术标准》JTG B01
14 《公路电子不停车收费联网运营和服务规范》JTG B10-01
15 《公路隧道设计规范 第二册 交通工程与附属设施》JTG D70/2

16 《高速公路交通工程及沿线设施设计通用规范》JTG D80
17 《公路养护安全作业规程》JTG H30
18 《公路限速标志设计规范》JTG/T 3381-02
19 《收费公路联网收费技术标准》JTG 6310
20 《高速公路可变信息标志信息的显示和管理》JT/T 607
21 《雾天公路行车安全诱导装置》JT/T 1032
22 《闯红灯自动记录系统通用技术条件》GA/T 496
23 《道路车辆智能监测记录系统通用技术条件》GA/T 497
24 《道路交通安全违法行为图像取证技术规范》GA/T 832
25 《机动车区间测速技术规范》GA/T 959
26 《道路交通信息监测记录设备设置规范》GA/T 1047
27 《高速公路交通气象条件等级》QX/T 111
28 《高速公路团雾预警等级》DB37/T 3794
29 《高速公路出行信息发布技术要求》DB37/T 4380
30 《智慧高速公路建设指南》DB37/T 4541
31 《道路运营信息发布作业指导书》Q/SDHS IN 011

参考文献

[1] GB/T 20607—2006 智能运输系统 体系结构 服务.

[2] GB/T 20839—2007 智能运输系统 通用术语.

[3] T/ITS 0125—2020 智慧高速公路信息化建设 总体框架.

[4] T/ITS 0144—2021 普通国省道干线智慧公路建设框架.

[5] T/CTS 3—2020 智慧高速公路交通标志设置指南.

[6] T/KJDL 002—2021 粤港澳大湾区城市道路智能网联设施技术规范.

[7] DB50/T 10001—2021，DB51/T 10001—2021 智慧高速公路.

[8] DB330521/T 64—2020 智能网联道路基础设施建设规范.

[9] DB3402/T 15—2021 国省干线智慧公路建设技术指南.

[10] DB31114T/SHJTGCXH 001—2021 2022 智慧道路建

设技术导则指南.

[11] DB4201/T 654—2022 智能网联道路建设规范（总则）.

[12] T/CHCA 004—2019 公路特大桥交通工程与附属设施设计指南.

[13] 浙江省交通运输厅 智慧高速公路建设指南（暂行）（2020年）.

[14] 浙江省住房和城乡建设厅 浙江省数字化城市道路建设技术指南（试行）（2021年）.

[15] 江苏省交通运输厅 江苏省智慧高速公路建设技术指南（2020年）.

[16] 江苏省交通运输厅 江苏省普通国省道智慧公路建设技术指南（2020年）.

[17] 江苏省交通运输厅公路事业发展中心，江苏省交通工程建设局 江苏省智慧公路建设技术典型案例（2021年）.

[18] 山东省公安厅 山东省高速公路智能交通安全系统建设规范（试行）（2014年）.

[19] 北京市交通委员会 智慧高速公路建设指南（试行）（2022年）.

[20] 云南省交通运输厅 云南省智慧高速公路建设指南（试行）（2022年）.

[21] 甘肃省交通运输厅 甘肃省智慧公路体系框架（2022年）.

[22] 甘肃省交通运输厅 甘肃省智慧高速公路建设技术指南（2022年）.

[23] 河南省交通运输厅 河南省智慧高速公路建设技术指南（试行）（2022年）.

[24] 上海市道路运输管理局 上海市智慧高速公路建设技术导则（2022年）.

[25] 广东省交通运输厅 广东省智慧高速公路建设指南（试行）（2022年）.

[26] 河北雄安新区管理委员会 雄安新区物联网终端建设导则（道路）（2020年）.

[27] 四川省交通运输厅 四川省平安智慧高速公路系统框架体系标准（试行）（2019年）.

[28] 四川省交通运输厅 四川省平安智慧高速公路路段设施建设标准（试行）（2019年）.

[29] 四川省交通运输厅 四川省平安智慧高速公路建设

指导方案（2021年）.

[30] 王树兴，张军，王少飞，等.八车道高速公路车道信号控制方法研究[J].公路，2022，67（10）.

[31] 孙凌峰，张军，宋浪，等.复合式互通入口多匝道联动控制算法及应用[J].公路，2023，68（1）.